Franz von Holtzendorff

Die Psychologie des Mordes

Franz von Holtzendorff

Die Psychologie des Mordes

ISBN/EAN: 9783743327689

Hergestellt in Europa, USA, Kanada, Australien, Japan

Cover: Foto ©ninafisch / pixelio.de

Manufactured and distributed by brebook publishing software (www.brebook.com)

Franz von Holtzendorff

Die Psychologie des Mordes

Die Psychologie des Mordes.

Von

Franz von Holtzendorff.

Berlin, 1875.
C. G. Lüderitz'sche Verlagsbuchhandlung.
Carl Habel.

Das deutsche Strafgesetzbuch bestimmt in seinem Paragraphen 211:

„Wer vorsätzlich einen Menschen tödtet, wird, wenn er die Tödtung mit Ueberlegung ausgeführt hat, wegen Mordes mit dem Tode bestraft."

Außer dem Morde wird auch der Mordversuch nach Paragraph 80 mit dem Tode bestraft, wenn er gegen den Kaiser, gegen den eigenen Landesherren, oder an dem Landesherren desjenigen Bundesstaates verübt wurde, in dessen Gebiet sich der Thäter zur Zeit der That befand.

Den Ueberlieferungen der deutschen Rechtswissenschaft folgend, unterscheidet das Gesetz das Verbrechen des schlechthin und ausnahmlos todeswürdigen Mordes von dem ihm zunächst verwandten, nicht mehr todeswürdigen Verbrechen des Todtschlags, als derjenigen Art vorsätzlicher Tödtung, welche nicht mit Ueberlegung ausgeführt wurde und aus diesem Grunde mit einer Zuchthausstrafe von mindestens fünf Jahren bestraft werden soll.

An diese Strafdrohungen, welche sich auf die beiden allgemeinen Hauptformen der vorsätzlichen Tödtung, Mord und Todtschlag beziehen, schließen sich im sechzehnten Abschnitt unseres Strafgesetzbuchs andere, die gewisse besondere, der Auszeichnung und Hervorhebung würdige, Fälle der vorsätzlichen Tödtung betreffen.

Mit Rücksicht auf die Schwere der Strafe ergiebt sich demgemäß folgende Reihe von Abstufungen in unserem Strafgesetzbuche:

1. Die Todesstrafe: für den Mord und solchen Mordversuch, der als hochverrätherisches Attentat gegen den Kaiser oder einem deutschen Landesherren angesehen wird (§§. 211 und 80);
2. Lebenslängliches Zuchthaus oder Zuchthaus nicht unter zehn Jahren:

    a. für denjenigen, welcher bei Unternehmung einer strafbaren Handlung, um ein der Ausführung entgegentretendes Hinderniß zu beseitigen, oder um sich der Ergreifung auf frischer That zu entziehen, vorsätzlich einen Menschen tödtet (§. 214);

    b. für den Todtschlag an einem Verwandten aufsteigender Linie (§. 215);
3. Zuchthausstrafe nicht unter fünf Jahren: für den Todtschlag in gewöhnlichen Fällen (§. 212);
4. Zuchthausstrafe nicht unter drei Jahren: für die vorsätzliche Tödtung eines unehelichen Kindes durch die Mutter in oder gleich nach der Geburt („Kindesmord"), oder bei der Annahme mildernder Umstände eine Gefängnißstrafe nicht unter zwei Jahren (§. 217);
5. Gefängnißstrafe nicht unter drei Jahren: für denjenigen, welcher durch das ausdrückliche und ernsthafte Verlangen des Getödteten zur Tödtung bestimmt wurde (§. 216);
6. Gefängnißstrafe nicht unter sechs Monaten für den Todtschlag, begangen im gerechten Zorn gegen den Getödteten oder unter sonstigen mildernden Umständen (§. 213).

Bei allen diesen Tödtungen ist vorausgesetzt, daß die Absicht des Thäters auf die Herbeiführung des Todes gerichtet war und die Statsanwaltschaft im Stande ist, den Beweis zu führen, daß dem Thäter diese Absicht innewohnte. Nach dem Stande des deutschen Gesetzes ist somit weder Mord noch Todtschlag vorhanden, wenn der Thäter dem Verstorbenen eine schwere, den Tod verursachende Wunde oder auch Gift beibrachte, ohne daß die begleitenden Umstände zu dem Schluß zwingen, daß der Tod vom Thäter gewollt war.

Die Unvollkommenheit aller menschlichen Rechtspflege bringt es mit sich, daß nur ein gewisser, genau nicht zu ermittelnder Theil der richterlichen Urtheile dem wirklichen Sachverhalt einer verbrecherischen That entsprechen kann. Auch die beste Justiz kennt wahrheitswidrige Freisprechung wegen mangelnder Schuldbeweise oder ungerechte Verurtheilungen auf Grund richterlicher Irrthümer. Da jene Unterscheidung zwischen stattgehabter „Ueberlegung" und „Nichtüberlegung" des Handelnden über Tod und Leben nach der Anklage entscheidet, während sie bei allen anderen Verbrecherfällen unberücksichtigt bleibt, so ergiebt sich durch das Hinzutreten dieses Unterscheidungsmerkmals für die Tödtungsverbrechen eine Vervielfältigung in den Mängeln der Rechtspflege. Es geschieht wegen mangelhafter und unzulänglicher Beweismittel, daß derjenige nur wegen Todtschlags bestraft wird, dessen „Ueberlegung" von der Anklage nicht erwiesen werden kann und ebenso ist es möglich, daß nach einer vorsätzlich begangenen, den Tod verursachenden Verwundung den Thäter die geringe Strafe der Körperverletzung trifft, weil der Vorsatz zu tödten, nicht mit ausreichender Klarheit dargethan werden konnte. Bedeutsamer für die menschlichen Gerechtigkeitsinteressen erscheint der entgegengesetzte Fall, in welchem ein Angeklagter, der Wahrheit zuwider zu einer härteren Strafe verurtheilt wurde, weil er außer Stande war, in glaubhafter Weise diejenigen Umstände nachzuweisen, die eine mildere Strafe zu Folge gehabt haben würden. Wer es nicht vermag, zu beweisen, daß er den Akt überlegter Tödtung auf ausdrückliches Verlangen des Getödteten beging, wird als Mörder an Stelle der ihm gebührenden Gefängnißstrafe, mit der Todesstrafe belegt werden; das Schicksal einer ungerecht härteren Strafe trifft auch denjenigen, welcher, des Todtschlags angeklagt, nicht glaubhaft machen kann, daß er vom Getödteten durch schwere, unverschuldete Reizung zur That hingerissen wurde. Je zahlreicher die thatsächlichen Elementarkörper eines Rechtsbegriffes, desto größer die Ziffer der möglichen Rechtsirrthümer.

Tod und Leben eines Angeklagten hängen in der Strafrechtspflege nicht allein von der wirklichen Beschaffenheit seines Verbrechens, sondern auch von der Richtigkeit und Genauigkeit jenes Spiegelbildes ab, welches der gerichtliche Beweis von dem Hergange der That den Richtern und Geschwornen zu bieten vermag.

Sind die Lichtbilder, die der Sonnenstrahl mechanisch auf der Platte des Photographen vom menschlichen Antlitz abzeichnet, immer genau den Gesichtszügen des Urbildes entsprechend? Wenn es unähnliche Lichtbilder giebt, wie könnte man darauf zählen, daß die Nachtbilder der verbrecherischen Gesinnung durch die tausendfache Strahlenbrechung menschlicher Wahrnehmungen und Schlußfolgerungen, Empfindungen und Vermuthungen, des Abscheus und des Mitleids in vollkommen richtigen und scharfen Umrissen vor dem Blicke des Geschwornen enthüllt werden?

Es ist eine weitverbreitete Annahme, daß jener Unterschied von Mord und Todtschlag leicht und sicher erkennbar sei und jeder Geschworne kraft seines natürlichen Menschenverstandes zu bestimmen vermöge, in welchem Seelenzustande sich ein des Mordes Angeklagter zur Zeit seiner That befunden habe, ob er mit Ueberlegung handelte, oder nicht? Dennoch läßt sich zeigen, daß diese Vorstellung eine durchaus irrige ist, daß nicht einmal die Wissenschaft im Stande ist, auf diesem Gebiete der Psychologie sichere Gränzlinien zu ziehen, daß die Rechtsbegriffe über Mord und Todtschlag in der Geschichte sehr erheblichen Wechselfällen unterlegen und auch heut zu Tage bei den Culturvölkern eine Uebereinstimmung in der Würdigung des schwersten Verbrechens nicht vorhanden ist¹). Zunächst wolle man im Hinblick auf die möglichen Ergebnisse einer solchen Untersuchung den gegenwärtigen Zustand des deutschen Strafgesetzes noch einmal ins Auge fassen. Der Gesetzgeber erklärte: Alle Fälle des sogenannten Mordes sind sich innerlich so gleich, daß sie mit einer und derselben Strafe, der Todesstrafe nämlich, vom Richter belegt werden müssen. Ausgenommen davon ist nur der Kindesmord, in welchem eine Mutter, gleichviel ob mit oder ohne Ueberlegung, ihr neugebornes Kind ums Leben bringt und jenes verhältnißmäßig seltene Vorkommniß einer überlegten Tödtung solcher, die darnach verlangt haben. Andrerseits sind die Fälle der ohne Ueberlegung verübten Tödtung, nach der Annahme desselben Gesetzgebers, innerlich so sehr verschieden, daß die Abstufungen der Strafbarkeit zwischen einer untersten Gränze von sechs Monaten Gefängniß und einer höchsten Gränze von lebenslänglicher Zuchthausstrafe eingeschlossen liegen. In dem negativen Merkmal der Nichtüberlegung (also des Todtschlags) läßt das Gesetz mannigfaltige Unterscheidungen der größeren oder minderen Schuld zu, in dem positiven Merkmale der Ueberlegung (also bei dem Morde) dagegen nicht, als ob der bloße, der ganzen Menschheit verhaßte Name des Mordes genügte, um die Vernichtung des Schuldigen als unumgänglich nöthige Forderung des Rechtsgefühls, oder seine Schonung, lediglich als Sache der in sich selbst unberechenbaren Gnade erscheinen zu lassen.²) Schon darin liegt ein nicht unbedeutender Verstoß gegen die Grundsätze der Folgerichtigkeit, daß das Gesetz in einem rein negativen Merkmal Stufen der Verschuldungen mit verschiedenen Graden der Strafbarkeit zuläßt und innerhalb derselben Gattung der Tödtungsverbrechen dem entgegenstehenden positiven Merkmal die Anerkennung entsprechender Abstufungen versagt. Als eine durchaus geschichtswidrige Wendung in der neueren Rechtslehre muß es überdies bezeichnet werden, wenn der Unterschied zwischen den gewöhnlichen Fällen des Todtschlags und den mildesten Fällen des Mordes dahin erweitert wird, daß für jene genau fünf Jahre Zuchthaus, für diese die Todesstrafe als angemessen durch das deutsche Strafgesetzbuch vorgeschrieben werden.

Die beiden Verbrechen des Mordes und des Todtschlages haben das mit einander gemein, daß das Leben eines Menschen vorsätzlich vernichtet wird. Auf jede vorsätzliche und verbrecherische Tödtung hatte sowohl das Mosaische, als auch das Römische Recht die Kapitalstrafe gesetzt. Bis in das gegenwärtige Jahrhundert hinein war der Todtschlag ebenso todeswürdig, wie der Mord. Wie der Unterschied zwischen beiden nur in der **Art der Ausführung** bestand, ebenso bestand als Unterschied in der gesetzlich seit der Halsgerichts-Ordnung Karl's V. von 1532 überlieferten Todesstrafe nur die Hinrichtungsweise, welche für Mörder eine geschärfte und qualvolle, für Todtschläger einfache Enthauptung sein sollte.

Das alte Verhältniß der beiden schwersten Tödtungsverbrechen ist somit von Grund aus verändert worden, indem dem Todtschlage fortschreitende Gunstbezeugung durch Herabsetzung der Strafdrohungen zu theil wurden, bis diese schließlich so milde geworden sind, daß die öffentliche Moral in Beziehung auf gewisse Arten der vorsätzlichen Tödtung erheblich abgeschwächt wurde. Schon darin lag ein Element schwankender Moralität, daß nach dem älteren gemeinen Rechte der Nachweis eines auf Seiten des Thäters vorhandenen Affekts, des Zornes oder irgend einer anderen leidenschaftlichen Erregung, erforderlich war, wenn die nur in der Form des Vollzugs gemilderte Todesstrafe eintreten sollte, gegenwärtig aber die Gruppe der Todtschläger nicht nur aus solchen Mördern ergänzt wird, denen der Beweis der Ueberlegung nicht wirksam entgegengestellt werden konnte, sondern aus denjenigen, welche ohne Ueberlegung ein fremdes Leben zerstörten, weil sie in leichtfertigster Gleichgültigkeit und Rohheit zu jeder Gewaltthätigkeit bereit sind.

Auf Grund einer eingehenden geschichtlichen Würdigung der Entwickelung, welche die gesetzgeberische Behandlung der Tödtungsverbrechen durchlaufen hat, muß man anerkennen, daß weder im ersten Ursprunge, noch im germanischen Mittelalter, noch bei den uns zunächst verwandten Völkern Mord und Todtschlag als so weit von einander abgeschiedenen Formen der vorsätzlichen Tödtung angesehen worden sind, wie heut in Deutschland.

Nach den ältesten Zeugnissen germanischer Rechtsquellen bedeutet Mord nichts anderes als heimliche Tödtung, zu deren Verdeckung die Leiche des Erschlagenen verborgen wurde, was nach der Anschauung unserer Voreltern deswegen gehässiger erschien, weil einem Todten die volksthümlichen Ehren des Begräbnisses entzogen waren, der Bluträcher in Ungewißheit bleiben sollte, an wen er sich zu halten hatte, und die Feigheit zum Ausdruck kam, welche nicht Recht nehmen wollte, obgleich zu jenen Zeiten offen begangene Tödtung mit einer Geldabfindung an die Erben oder Verwandten des Erschlagenen gesühnt werden konnte. Mord und Todtschlag verhielten sich nur wie größere und geringere Geldbuße. Immerhin war damit ausgesprochen, daß ein moralisches Element der Ehrlichkeit und gegentheilig die Nichtswürdigkeit der Proceßfeigheit einen rechtlichen Ausdruck finden sollte. Die Berücksichtigung dieser moralischen Verhältnisse trat, namentlich seit dem sechszehnten Jahrhundert, noch deutlicher hervor, als man wiederum die Triebfeder des Ehrgefühls würdigte, indem man Kindesmörderinnen und Duellanten mit vergleichungsweise milderer Strafe belegte. Daß man dabei auf das gegen=

wärtig zur Kennzeichnung des Mordes entscheidend gewordene
Moment der Ueberlegung gar kein Gewicht legte, sondern vielmehr lediglich auf die größere oder geringere Sittlichkeit der Beweggründe achtete, lehrt die Zähigkeit unseres Sprachgebrauchs,
welcher noch heute, in Widerspruch mit den theoretischen Be-
denken einiger Rechtslehrer, vom Kindesmord und vom Selbstmord spricht, obgleich dieser letztere überhaupt gar kein Verbrechen
mehr ist und der erstere heut zu Tage mit einer mittelschweren
Zuchthaus- und Gefängnißstrafe belegt wird, also aufgehört hat,
jene Todeswürdigkeit zu besitzen, welche in oft gedankenloser
Weise mit dem bloßen Namen des Mordes in Zusammenhang
gebracht wird. Dem Kindesmorde, wie dem Selbstmorde ist in
besonders hohem Maße die in unserer germanischen Vorzeit
allein beachtete Eigenthümlichkeit heimlicher Begehung zugehörig,
wohingegen nicht gesagt werden kann, daß Ueberlegung oder Nichtüberlegung dabei irgendwie auf die Begriffsbestimmung von Einfluß wäre. Denn, ohne ihre Natur irgendwie zu verändern,
können sowohl Selbstmord als auch Kindesmord gleichmäßig mit
sorgfältiger Ueberlegung der Mittel als auch in leidenschaftlicher
Erregung begangen werden. Da nach der preußischen Strafstatistik etwa der zehnte Theil der des Kindesmordes angeklagten
Weiber Verheirathete sind, darf man annehmen, daß mindestens
bei diesen das Element der Ueberlegung vorherrschend war. Die
Nichtunterscheidung von Ueberlegung und Affekt in der Bestrafung des Kindesmordes enthält also das Anerkenntniß des
Gesetzgebers, daß die größere relative Moralität oder Immoralität einer Verbrechenshandlung durchaus nicht zusammenfällt mit
der psychologischen Gegenüberstellung von Mord und Todtschlag,
wie solche im deutschen Strafgesetzbuche gegeben ist. Und wiederum ist es unrichtig, wenn das deutsche Strafgesetzbuch auf-
stellt, daß die Strafwürdigkeit in der überlegten Tödtung eines
etwa altersschwachen und geisteskranken Menschen sich zu der-

jenigen eines neugebornen unehelichen Kindes durch die Mutter verhalten muß wie die Todesstrafe zu einer möglicherweise auf zwei Jahre herabgesetzten Gefängnißstrafe. Schon die Thatsache, daß in England und Frankreich noch heut zu Tage der Kindesmord ein todeswürdiges Verbrechen geblieben ist, läßt erkennen, wie wenig es den Culturvölkern der Gegenwart gelungen ist, zu einer einheitlichen Grundanschauung über die Natur des schwersten Verbrechens zu gelangen.

Im Widerspruche zu dem gegenwärtigen Rechtszustande der deutschen Gesetzgebung und in einiger Annäherung an den in allen andern Stücken unvollkommenen Zustand des englischen Rechts, wage ich die Behauptung, daß die größere oder geringere Strafbarkeit aller vorsätzlichen Tödtungen nur in allmähligen Abstufungen nach der sittlichen Eigenschaft der Motive, nicht aber nach dem die Todesstrafe jetzt begründenden Gegensatz von überlegter und nicht überlegter Ausführung bemessen werden kann. Die Beweggründe, welche zum Morde treiben, genauer zu erforschen, ist daher von großer Wichtigkeit. Die größten unter den Dichtern hatten sich in ihren Tragödien bemüht, darzuthun, daß höchst edle Naturen durch eine ihre Willenskraft überragende Macht der Umstände dazu gebracht werden können, Mörder zu werden. Hamlet, Laertes, Othello, Emilia Galotti's Vater und viele andere Helden des Trauerspiels begehen in überlegter Weise eine Tödtung, wobei freilich diejenige psychologische Grundlage, die das Gesetz gegenwärtig nicht beachten will, das dichterische Interesse vorzugsweise beschäftigt: eine tiefe und gewaltige Leidenschaft, vergebens gegen die Vollbringung des verbrecherischen Vorhabens ankämpfend, bis dieses gleichsam in dem Augenblick geschieht, in welchem die Thatkraft eines groß angelegten Charakters durch den Widerstand gegen die fortwährend anstürmenden Dämonen verbrecherischer Umnachtung erschöpft ist. Grade im Hamlet ist dieser Seelenkampf des vergeblichen Sträubens am gewaltigsten durchgeführt, worauf die tief ergreifende Wirkung seines endlichen Schicksals beruht*). Zu verwundern ist nur, daß große Dichter, wie Shakespeare, Lessing, Göthe und Schiller auf die Denkweise der Gebildeten so geringen Einfluß ausübten, daß diese, wenn das Thema des Mordes in ungebundener Rede und ohne poetische Zuthat zu behandeln ist, dabei beharren, in jedem Mörder schlechthin einen verworfenen Menschen zu sehen und das Vorkommen von Ausnahmen zu bestreiten. Die Mehrzahl der Urtheilenden beruhigt sich bei einer rein äußerlichen Auffassung der That, ohne der Entwickelung der verbrecherischen Motive nachzuforschen.

Bei einer gewissen, wennschon geringeren Anzahl von Verbrechensfällen, ist es freilich unmöglich, deren innere Entstehungsgeschichte bis zu den uranfänglichen Keimen zu erforschen, denn auch die Motive des menschlichen Handels sind wiederum ihrerseits nicht einfache Naturthatsache, sondern ein Bedingtes und gesellschaftlich Gewordenes. Wir erfahren dies täglich an uns selbst, sobald wir uns nur genauer beobachten. Was uns selbst in innerliche Bewegung setzt, läßt andere Menschen völlig ruhig, was für andere einen Anreiz darbietet, stört uns nicht im Mindesten. Gewisse Personen handeln aus Beweggründen, denen andere völlig unzugänglich sind. Je geringer die Zahl derjenigen ist, die nach ihrer bürgerlichen und gesellschaftlichen Stellung, nach ihrer Empfindungsweise und Gedankenrichtung, befähigt sind, einen Nebenmenschen vorsätzlich umzubringen, desto unverständlicher bleiben nach ihrer Kraft und Aufdringlichkeit die Motive des Mörders. Sie werden aus diesem Grunde so oft als rettungslose, zuständlich gewordene Bosheit des Charakters angesehen und hinsichtlich ihrer Unnatürlichkeit an der Gesinnungsweise des Urtheilenden gemessen.

Seit längerer Zeit hat man in der französischen und italienischen Strafstatistik begonnen, die Motive des Mordes und Todtschlags zu verzeichnen. Ihre aufmerksame Beobachtung wird um so bedeutungsvoller, je mehr man neuerdings einsieht, daß die Häufigkeit der Verbrechen so gut wie gar nicht von der Beschaffenheit gewisser Strafarten, sondern vielmehr von einem Zusammenwirken anderer Umstände abhängt, die theils individueller, theils gesellschaftlicher, theils physischer und zu einem gewissen Theile auch politisch staatlicher Natur sind.

Von den rein körperlichen Bildungsfehlern und der krankhaften Reizbarkeit des Nervensystems, insofern diese zu mörderischen Angriffen gegen fremdes Leben gewisse Personen geneigter machen, soll hier abgesehen werden, obschon die Wahlverwandtschaft zwischen Verbrechen und physischer Verkümmerung seit längerer Zeit ein Gegenstand eingehender Forschung geworden ist und jener römische Ausspruch, daß nur in einem gesunden Leibe ein gesundes Seelenleben Bestand habe, auch in seiner verneinenden Gestalt wahr sein würde, wenn man sagte, daß die völlige Abstumpfung des moralischen Sinnes auf der Grundlage physischer Verkommenheit zu ruhen pflegt. Als ein großes, freilich von vielen Seiten noch nicht hinreichend gewürdigtes, Ergebniß neuerer Untersuchungen, muß es erachtet werden, daß man nicht mehr das Unterscheidungsvermögen zwischen Gut und Böse, oder den in der Ausführung irgend einer Schadenszufügung betheiligten Scharfsinn als einen Beweis der moralischen und rechtlichen Zurechnung ansieht, sondern zugiebt, daß Irresein und Geisteskrankheit mit einem höheren Grade von Intelligenz, mit Verständniß und Berechnung bestimmter, aus Handlungen hervorgehender Erfolge sehr wohl verbunden sein können[4]). Gerade weil der Mord das sittliche Gefühl am tiefsten verletzt, hat seine gerichtliche Verfolgung durch die Hinüberführung der psychologischen Frage auf das Gebiet der Zurechnungsfähigkeit zu den eingehendsten Vergleichungen mit den herkömmlichen Bildern der Geisteskrankheit vorzugsweise herausgefordert und damit auch zur Bereicherung des gerichtsärztlichen Wissens erheblich beigetragen. Vielleicht ist dies der einzige, an sich bedeutende, aber der Rechtspflege an sich fremde Gewinn aus der Unterscheidung von Mord und Todtschlag, daß die Aufstellung eines Merkmals der Ueberlegung dazu nöthigte, auch die Motive des Thäters zu beachten, um sich über seine höhere Schuld klar zu werden, womit dann gleichzeitig die Brücke zu der naturwissenschaftlichen Beobachtung der den Verbrechenserscheinungen und dem Kranksein gemeinsamen Entwickelungsprocesse geschlagen war.

Für eine Statistik der Mordursachen ist der Begriff „krankhafte Anlage zur Begehung eines Verbrechens" nicht zu verwerthen, obschon in der Biographie eines Mörders davon die Rede sein mag und die Geschwornen in solchen Fällen auf Grund geminderter Zurechnung, wofern ihnen der Gesetzgeber dies gestattet hat, mildernde Umstände ihrem verurtheilenden Wahrspruch hinzuzufügen pflegen. Auf krankhafter Anlage werden meistentheils solche Vorkommnisse beruhen, bei welchen von Mord aus Mordlust die Rede ist, oder der Mörder sein Opfer abschlachtet, um sich an dessen Qualen zu ergötzen oder gar menschliche Körpertheile zu verzehren. Zu dieser Kategorie gehörte ein französischer Verbrecher Namens Biliet, welcher es lebhaft beklagte, daß die Zeiten des revolutionären Terrorismus vorüber seien, weil er den Genuß entbehren müsse, an der Schnur des Fallbeils zu ziehen und beim Köpfen behülflich zu sein.

Unter den Motiven der Tödtungsverbrechen (Mord, Todtschlag und Vergiftung) unterscheidet die französische Strafstatistik gegenwärtig folgende Haupt-Gruppen von Beweggründen: 1. Habsucht. 2. Ehebruch. 3. Häusliche Zwistigkeiten. 4. Eifersucht und Ausschweifung. 5. Haß und Rache; wozu dann noch eine Rubrik solcher Motive hinzutritt, welche als vereinzelte, abnorme, gleichsam als Sonderlingsschrullen gelegentlich vorkommen, wie etwa der Wunsch, vom Henker hingerichtet zu werden, oder die Sehnsucht nach Cayenne.

Bei näherer Prüfung dieser Aufzählung ergiebt sich, daß

Beweggründe und äußerliche Veranlassung zur Tödtung mit einander vermischt worden sind, eine richtige Eintheilung daher auf diesem Wege nicht gewonnen werden kann. „Häusliche Zwistigkeiten" bilden einen Vorgang, mit welchem sowohl Eifersucht, als auch Ehebruch und Habsucht, sogar Haß und Rache im engsten Zusammenhang stehen können.

Als eine erste und höchst wichtige Gruppe von Mordthaten werden diejenigen zu erachten sein, welche aus wirthschaftlichen Beweggründen hervorgehen, unter denen nach ihrer sittlichen Verwerflichkeit die Habsucht, die zum Raubmorde hinführt, obenansteht und deswegen schon in der älteren Strafrechtspflege mit härterer Strafe ausgezeichnet wurde. Das Mißverhältniß zwischen dem zu erwartenden Geldgewinne und dem Tod des Opfers ist hier meistens um so größer, als der Thäter häufig in der Lage war, seine Absicht auch durch Diebstahl, Betrug oder Raub zu erreichen. Wenn dennoch um kleinerer Geldsummen willen an Stelle minder schwerer Verbrechen gerade Mord begangen wird, so liegt darin eine Hinweisung auf die Thatsache, daß die Ermittelung einer Mordthat Verbrechern schwieriger erscheint, als die Entdeckung eines Diebstahls, bei welchem der Beschädigte Zeugniß ablegen würde. Den Fällen des Raubmordes am nächsten kommen diejenigen Missethaten, in denen der eines Eigenthumsverbrechens Schuldige sich des Mitthäters oder Zeugen entledigt, weil er von dessen Seite Verrath, Anzeige oder Bestrafung zu befürchten hätte. Demnach würde diese Kategorie gegenwärtig zu denjenigen Mordthaten gerechnet werden, welche aus Haß und Rache begangen worden sind.

Das Element des Hasses gegen die ermordete Person giebt vielen um eines Vermögensvortheils willen oder aus Gewinnsucht verübten Tödtungen eine eigenthümliche Färbung. Dem Straßenräuber, der eines vorübergehenden Reisenden harrt und ihn aus Gewinnsucht tödtet, ist es überall nur um dessen Eigenthum und seine eigene Straflosigkeit zu thun. Die bestimmte Person kommt für ihn, vom Besitze abgesehen, nicht in Betracht; sie ist ihm als solche nicht verhaßt, sondern einfach gleichgültig. Das Motiv des Tödtens ist für ihn im Vergleich zu demjenigen der Beraubung nebensächlich; er würde den Bettler, der ihn beleidigt hatte, verschonen, während er den Reichen, obwohl ihm dieser früher eine Wohlthat erzeigt haben mochte, umbringt. In gewissen anderen Verhältnissen handelt der gewinnsüchtige Mörder aus ingrimmigem Haß gegen solche, die der Erreichung seiner Absichten im Wege stehen; zum Beispiel gegen diejenigen, die durch ihr Dasein den Weg zu einer Erbschaft versperren, oder den ausschließlichen Genuß eines Vermögens vereiteln, das sie mit ihrem Mörder theilen müßten. Die Ziffer der aus diesem Grunde begangenen Mordthaten ist in Europa keine ganz geringe; die Klasse der vornehmen Giftmischer gehört zu ihr. Heuchelei, Vertrauensmißbrauch, Täuschung und jahrelang schleichende Bosheit, die in das Familienleben hineingetragene Kunst täglicher Verstellung und ein häufig erstaunenswürdiger Grad von Scharfsinn, erheben die Schuldigen hoch hinaus über die Verworfenheit des Straßenräubers. Die besonders schwere Strafe, die ältere Gesetze auf den Giftmord gesetzt hatten, ist in neuerer Zeit wiederum zur allgemeinen Gleichheit aller Mordfälle eingeebnet worden.

Zugehörig zu dem Wirkungskreis gewinnsüchtiger Motive sind auch solche, in neuerer Zeit sich mehrende Mordthaten, die das Endergebniß langsamen wirthschaftlichen Verfalles und tief fressender Nahrungssorgen sind. Ungünstige und unberechenbare Zufälle, überlegene Concurrenz eines gewerblichen Nebenbuhlers, Unbeholfenheit und Mangel an Berechnung vernichten heutzutage leichter, als sonst, eine anscheinend fest begründete Ordnung des Hausstandes. Der Möglichkeit eines lohnenden Erwerbes beraubt, unfähig einen anderen Nahrungszweig zu ergreifen, unterliegen zumal in Großstädten alljährlich zahlreiche Unglückliche, anfangs ohne sittliche Verschuldung der modernen Schicksalstragödien des wirthschaftlichen Ruins, in deren letztem Akte Selbstmord, Urkundenfälschung, heimliche Flucht, Auswanderung in die jenseits des Oceans belegenen Länder, lügenhafte Bettelei öffentliche Armenunterstützung erscheinen. Uneblere Naturen denken in solchen Fällen nur an sich selbst und überlassen die Ihrigen der Noth. Andererseits sind es die besseren Charaktere, die auf der letzten Sprosse der Verzweiflung angelangt und von aufrichtiger Liebe zu den Ihrigen getrieben, den verhängnißvollen Beschluß fassen, diejenigen, die sie weder aus der Noth erretten, noch auch vor Schande, Armuth oder Almosen bewahren können, durch einen schmerzlosen Tod zu erlösen. Gerade im Stande der ehrliebenden Handwerker und Gewerbetreibenden fanden sich bisher am häufigsten solche, welche durch den bloßen Gedanken an öffentliche Unterstützung im Innersten erregt wurden und die Vernichtung ihrer Familie weitaus der Erniedrigung vorzogen. Zuweilen bleibt der Mörder der eigenen Kinder wider seinen Willen am Leben, weil nach der ungeheuren Anspannung seiner Kräfte die Hand plötzlich von Zittern ergriffen wird, wenn sie sich gegen das eigene Leben kehrt oder auch weil eine unvorhergesehene Dazwischenkunft dritter Personen die Vollendung des begonnenen Werkes vereitelt. Mitleid mit dem Elend geliebter Wesen, ein hoch entwickeltes Ehrgefühl, die Furcht vor der Geringschätzung der Standesgenossen, kurz eine Reihe an sich achtungswerther Beweggründe und Empfindungen paart sich vor der That mit dem Mangel an wirthschaftlicher Kraft und erzeugt einen Akt der Vernichtung, angesichts dessen für den theilnahmvollen Beobachter die Aufgabe der Strafrechtspflege viel weniger wichtig erscheint, als die Frage, ob auf der schiefen Ebene zwischen häuslichem Glück und moralisch nicht verschuldetem Wirthschaftsverfall einer Heimstätte das Hinabrollen in den Abgrund der Verzweiflung und der Verarmung durch keinen Hemmschuh vorbeugender

Hülfe aufgehalten werden könnte? Ob es schlechthin keine Möglichkeiten gebe, die nicht ehrenmindernde Unterstützung, die bei großen Nothfällen der Ueberschwemmung oder Hungersnoth zur Aufrechterhaltung des wirthschaftlichen Bestandes ganzer Bevölkerungsklassen zu Theil wird, auch zur Errettung Einzelner unter ähnlichen Bedingungen verwendbar zu machen? Das riesige Wachsthum der Großstädte, dessen Begleiterin die Verwickelung der wirthschaftlichen Processe ist, läßt leider die Voraussage zu, daß die Vernichtung ganzer Familien aus dem Beweggrunde verzweiflungsvoller Nahrungssorgen eher zunehmen, als sich vermindern möchte.

Da die Klasse der aus Nahrungssorgen hervorgegangenen Tödtungen, psychologisch betrachtet, einen starken Zusatz positiv besserer Beweggründe, insbesondere des Ehrgefühls und des Mitleidens aufweist, so wird es im Interesse der Beobachtung geboten, sie überall als eine besondere sociale Erscheinung in den statistischen Tabellen ersichtlich werden zu lassen. Diejenigen Gesetzgebungen, welche, wie England und Frankreich, auch den Kindesmord als todeswürdiges Verbrechen behandeln, würden diesen als jenen Tödtungsfällen nahe verwandt in der Reihenfolge anzuschließen haben. Denn im Kindesmord findet sich, freilich unter einem andern Mischungsverhältniß, die gleiche Vereinigung von Motiven wieder: weibliches Ehrgefühl, Furcht vor Schande, neben wirthschaftlichen Nahrungssorgen.

Neben der großen Gruppe der ökonomischen Beweggründe, als einem für die Strafstatistik bedeutsamer Faktor der verbrecherischen Gesammt-Erscheinungen, stehen die geschlechtlichen Triebfedern. Sie sind insofern bei Tödtungen sogar eingreifender und wirkungsvoller, als hinsichtlich der Anreizungen der Gewinnsucht immer noch die schwer zu beantwortende Frage rückständig bleibt: warum die aus Eigennutz hervorgegangene Handlung nicht die gleichfalls mögliche Wendung gegen fremdes Vermögen, sondern vielmehr den direkten Angriff auf fremdes Leben hervorrief? Bei geschlechtlichen Verirrungen und zerrüttenden Ausschweifungen liegt von vorn herein die Beziehung zu persönlichen Rechten und Pflichten viel näher, wennschon nicht verkannt werden darf, daß die großstädtische, gewerbsmäßige Unzucht und das höchst gefährliche Zuhalterwesen der persönlichen Sicherheit und dem Eigenthum nahezu in gleichem Maße gefährlich werden können.

Im Einzelnen kommen auf der Grundlage geschlechtlicher Verhältnisse als Motive in Betracht:

1. Eifersucht unverheiratheter oder verheiratheter Personen, letzteren Falles meistentheils in Verbindung mit dem Verdacht des Ehebruchs; 2. geschlechtliches Ehrgefühl auf Seiten solcher, die sich entweder durch Verführung oder durch Untreue eines Geliebten beleidigt fühlen, wobei mit Rücksicht auf die bisherigen Wahrnehmungen in der Strafrechtspflege als wahrscheinlich behauptet werden darf, daß auf Seiten der männlichen Angeklagten mörderische Eifersucht, auf Seiten der Frauen geschlechtliches Ehrgefühl in stärkerem Maße betheiligt zu sein pflegt. 3. Verzweiflung Liebender, welche im Hinblick auf ein ihrer Vereinigung entgegenstehendes Hinderniß entweder gleichzeitigen Selbstmord oder wechselseitig zu vollziehenden Mord verabreden und demgemäß in überlegter Weise durchführen. 4. Der Beweggrund unzüchtiger Liebe, welcher sich in einer Anzahl äußerlich verschiedener Mordthaten ausprägen kann, vornehmlich in der Tödtung eines Ehegatten, welcher der Fortsetzung eines ehebrecherischen Verhältnisses im Wege steht, einer lästig gewordenen Geliebten, die den Neigungen zur Ausschweifung eine Schranke setzt, oder solcher Personen, deren sich die Thäter zu unzüchtigen Zwecken gewaltsam bemächtigt hatten. Schon die ältere Criminalpsychologie hat auf den häufiger hervortretenden Zusammenhang zwischen geschlechtlicher Ausschweifung und blut-

dürftiger Grausamkeit hingewiesen. In Berlin sind im letzten Jahrzehnt mehrere Fälle vorgekommen, in denen der widernatürliche Mißbrauch von Kindern mit deren grausamster Abschlachtung verbunden war, und auch Anna Böckler's Ermordung scheint in diese Klasse zu gehören. Freilich zeigt sich auch hier die Schwierigkeit einer Abgränzung der verbrecherischen Motive von der zu ihrer Aeußerung führenden Veranlassung. Der Psychologe wird schwanken, ob er in den zuletzt erwähnten Fällen als Grund der Tödtung einen durch Geschlechtsreize unnatürlichster Art hervorgerufenen Blutdurst oder die Furcht vor Entdeckung und Strafe anzusehen hat, oder die Empfindungen der Blutdürstigkeit, Wollust und Feigheit neben einander hergehen. Bemerkenswerth bleibt freilich, daß in manchen derartigen Fällen die volle Zurechnungsfähigkeit der Thäter von Sachverständigen in Zweifel gezogen wurde, obwohl angesichts der moralischen Ungeheuerlichkeit der That und der durch sie hervorgerufenen allgemeinen Aufregung Muth dazu gehörte, solche Zweifel auszusprechen. Nach der ihm innewohnenden Sympathie läßt das Publikum es ruhig geschehen, wenn bei Kindesmörderinnen die Zurechnungsfähigkeit für und wider erörtert wird; es pflegt aber in Entrüstung zu gerathen, wenn Irrenärzte in wissenschaftlich abgekühlter Stimmung den inneren Schuldzustand eines Menschen prüfen wollen, dessen Verdammung im öffentlichen Interesse nothwendig erscheint. Je unmenschlicher eine That, desto mehr pflegt, dem Instinkte der Furcht folgend, die öffentliche Meinung gleichsam die Zurechnungsfähigkeit des Thäters zum Zwecke der Verurtheilung zu wünschen, während eben aus denselben Umständen in ärztlichen Beobachtern der erste Verdacht geistiger Störungen emporbämmert.

Sicherlich läßt sich für die große Klasse der aus geschlechtlichen Verirrungen entspringenden Mordthaten nicht in Abrede stellen, daß sie in höherem Maße als jene erste Abtheilung der von wirthschaftlichen Rücksichten beherrschten Missethäter, von der Naturkraft angeborener Leidenschaftlichkeit vorausbestimmt werden. Nur in seltenen Fällen fehlt bei der Ausführung der That ein Zusatz von Affekt. Auch das ist übrigens möglich, daß gelegentlich ökonomische Berechnung und geschlechtliche Unsittlichkeit mit einander gepaart sind, wie etwa in solchen Fällen, in denen sich ein ehebrecherisches Paar durch Ermordung des unschuldigen Ehegatten der Mittel zum verbrecherischen Lebensgenusse zu versichern gedenkt.

Eine dritte, sehr stark in der Strafrechtspflege vertretene Gattung von Motiven ist als diejenige des Hasses und der Rache zu bezeichnen, wobei nur in der negativen Richtung eine Abgränzung thunlich ist, indem man diejenigen Fälle ausscheidet, in denen Haß und Rache nicht im unmittelbarsten Zusammenhang mit ökonomischer Berechnung etwaiger Verbrechensvortheile oder mit geschlechtlichen Erregungen gebracht werden können. Denn die aus der Geschlechtsliebe geborene Empfindung der Eifersucht ist im bestimmten Maße auch gleichzeitig diejenige des Hasses und in der stärksten Potenz sogar des Racheburstes. Es ist völlig unmöglich, die Stufenleiter des Hasses und der Rachsucht auch nur annähernd zu bestimmen. So allgemein trotz der christlichen Sittenlehre solche Empfindungen in der heutigen Gesellschaft anzutreffen sind, so selten läßt sich eine Voraussage stellen, daß der etwa notorische Haß des einen Menschen gegen den anderen sich in Verleumbungen, Vermögensbeschädigungen, Körperverletzungen oder Tödtungen äußern werde. In nicht wenigen Fällen hatte es der Mörder vorher angekündigt, daß der von ihm Gehaßte aus der Welt geschafft werden solle; wir Deutsche veranschlagen durchschnittlich den Werth solcher Drohungen so gering, daß der Gewarnte sich nicht weiter darum bekümmert, ob er bedroht wurde oder nicht, während in Italien der stärkere Glaube an die Macht des Rachegefühls gefährdete Personen häufiger veranlaßt, im Interesse ihrer persönlichen Sicherheit Vorsicht zu üben und einer Begegnung mit dem Feinde auszuweichen.

Die zum Morde führenden Gründe des Hasses und der Rache werden zu verschiedenen Zeiten und bei verschiedenen Völkern je nach deren sittlichen Anschauungen und Lebensgewohnheiten in Beziehung auf die Häufigkeit bestimmter Tödtungsarten und die Stärke der ihnen zu Grunde liegenden Empfindungen besonders und eigenartig beschaffen sein.

Ueberall werden gelegentlich gewisse besonders reizbare Naturen aus Gründen zur Menschentödtung schreiten, welche bei der ungeheuren Masse anderer Menschen keinen nachhaltigen Eindruck auf das Empfindungsleben hervorzubringen vermögen. War es nicht geradezu unbegreiflich, daß ein Berliner Mörder seine eigenen Kinder wie junge Katzen ersäufte, um sich auf diese Weise an seinen Eltern zu rächen, die ihre besondere Freude an den getödteten Enkeln gehabt hatten und ihres Umganges beraubt werden sollten? Zu keiner Zeit wird es an derartigen Mördern aus rein individuellen Gründen fehlen.

Bedeutsamer für den Culturhistoriker sind solche Verbrechen, die nachweisbar ihren Stammbaum nicht blos auf die eigenthümliche Beschaffenheit der Individuen, sondern außerdem in weiter aufsteigender Linie auf die Macht ererbter und in der Gesellschaft weit verbreiteter Vorurtheile zurückführen können. Die genauere Betrachtung dieser Verhältnisse erhebt gewisse Erscheinungen des Mordes zu einer völkerpsychologischen Thatsache.

In den Anfängen der Menschheit steht allgemein wahrnehmbar die Uebung der Blutrache nicht nur als ein Recht, sondern als heilige Pflicht der nächsten Verwandten. Nach den eigenen Worten und Schilderungen der Bibel konnte in Ermangelung staatlicher Bildungen und staatlicher Obrigkeit der erste Mörder Kain nicht verurtheilt oder gerichtet werden. Gegen die somit selbst in der Bibel anerkannte und vorausgesetzte Blutrache sollte ihn seine Brandmarkung durch das Kainszeichen schützen. Die Periode, welche erforderlich ist, die alte Blutrache aus dem Volksgeiste auszurotten, könnte in ihrer Dauer und nach ihrer moralischen Bedeutung den Veränderungen in Folge geologischer Epochen verglichen werden. Je kürzer sie ist, einen desto deutlicheren Maßstab giebt sie uns für die Culturfähigkeit gewisser Nationen. Bei den Griechen, Römern und Germanen dem Gebiete des Mythus oder den ältesten historischen Anfängen zugehörig, ist bei den Orientalen, vornehmlich Arabern und Berbern, das Recht und die Pflicht der Blutrache vielfach festgehalten, während in Corsica die uralte Ueberlieferung blutigster Familienfehden in den Kampf um ihr Dasein mit den modernen Strafgesetzgebungen erst vor Kurzem eingetreten ist. Es ist ungerecht, die corsische „Vendetta" und den Bluträcher, der den Vorurtheilen seines Volkes nachkommt, strafrechtlich als einen gemeinen Mörder zu behandeln; er hat denselben Anspruch, wie der vornehme Duellant, der im guten Glauben an seine Ehrenpflicht den Gegner im Zweikampf tödtete, in Gemäßheit eines vom Gesetzgeber zwar zu bekämpfenden, doch auch die Schuld mindernden Volksvorurtheils bestraft zu werden. Bérenger berichtet, daß in den französischen Bagnos, namentlich in Toulon, corsische Bluträcher sich selbst von anderen Verbrechern stolz absondern, mit solchen keinerlei Gemeinschaft haben wollen und als eine eigene Klasse von Menschen mit Achtung angesehen werden. Da die Familienfehde von Geschlecht zu Geschlecht weiter erbt, giebt sich der Bluträcher auch seinerseits wiederum der Verfolgung durch seine Feinde preis; da ferner die Sitte des Waffentragens trotz gesetzlicher Verbote im Innern Corsica's allgemein ist, so greift der Bluträcher in der Regel einen Bewaffneten an, der sich zur Wehre setzen könnte. Mit dem Kampf besteht also eine größere Aehnlichkeit, als mit dem feig einherschleichenden Morde der höher civilisirten Staaten.

Zu den aus Haß und Rache vorgenommenen Missethaten zählt auch der politische Mord. Er kann das unberechenbare Werk einzelner, außerhalb der großen Lebensströmungen handelnder Menschen sein. Aber auch bei ihm ist es möglich, daß er zu Zeiten allgemein verbreiteter Aufregung den Charakter einer socialen Erscheinung annimmt. Dies geschah beispielsweise so lange, als die antike Vorstellung von der Verdienstlichkeit des Tyrannenmordes gangbar war oder gelegentlich nach dem Ausbruch revolutionärer Bewegungen wieder belebt wurde. In den Uebergangsperioden zwischen Republik und Monarchie wiederholen sich solche Erscheinungen; es ist unvermeidlich, daß sich unter der Despotie der Glaube an die Verdienstlichkeit und den Nutzen geheimer Verschwörungen weit verbreitet. Obwohl der politische Mord in germanischen Staatswesen stets seltener vorgekommen ist, als bei den Romanen, treten dennoch neuerdings gerade in den Südstaaten der amerikanischen Union Erscheinungen hervor, welche in ihrer Gefährlichkeit an die Zeiten der römischen Bürgerkriege und der sullanischen Proscriptionen erinnern.

Aus politischem Haß sind auch solche Mordthaten herzuleiten, denen durch ein verirrtes Nationalgefühl das Verdienst des Patriotismus zuerkannt wird: die hinterlistige Niedermetzelung einquartirter Soldaten während des Krieges, wobei sich die Gränzlinie zwischen falscher Begeisterung, düsterem Fanatismus und grundsätzlich verkehrtem Rechtsgefühl vollständig zu verwirren pflegt. Hat einmal ein Volk offen, unter Verzichtleistung auf die Regeln civilisirter Kriegführung, den Kampf bis auf's Messer, wie die Spanier nach ihrer Erhebung vom Jahre 1808, angesichts des Feindes verkündet, so läßt sich vom moralischen Standpunkt aus nicht behaupten, daß die im Voraus angesagte Vernichtung des Feindes als Mord anzusehen sein würde; es wäre das ebenso wenig zulässig, wie die Behandlung derjenigen, die dem völlig wehrlos gewordenen Feinde im Felde Pardon verweigerten, den für Mord geltenden Strafrechtsregeln angepaßt werden könnte. Solche Rückfälle in die Barbarei wäre man versucht, als moralischen Atavismus zu bezeichnen.

Unter die allgemeine Bezeichnung politischer Mordthaten fallen auch diejenigen tödtlichen Angriffe auf Beamte, welche entweder aus grundsätzlichem Haß gegen die Vertreter der Obrigkeit, oder im Widerstande gegen Amtshandlungen oder im Beginn einer ausbrechenden Empörung verübt werden. Auch sind manche Fälle nicht zu unterschätzen, die neuerdings einen Platz in der französischen Wahlstatistik finden: Politische Gegner fallen aus Veranlassung der Wahlen mit mörderischen Waffen einander an.

Endlich darf man auch die aus religiösem Fanatismus verübten Mordthaten hierher zählen. Im Wesen gewisser Religionssysteme liegt es, der Unduldsamkeit und dem Haß Vorschub zu leisten. Die gelegentlich hervorbrechenden Akte des Fanatismus, deren sich die Bekenner ostasiatischer Religionssysteme oder Muhammedaner gegenüber christlichen Missionären oder Reisenden schuldig machen, erregen den Unwillen und das Erstaunen europäischer Staatsmänner. Diese sollten jedoch nicht vergessen, daß die christliche Kirche des Mittelalters sich genau derselben Missethaten schuldig machte. Würden die Missionäre des Islam in den christlichen Provinzen Spaniens während des Mittelalters mit dem Leben verschont worden sein? Und würde man ihre Mörder vor ein christliches Gericht gestellt haben? Die Geschichte der Mauren in Spanien, der Ketzerinquisitionen und der Judenverfolgungen zwingt uns, diese Frage durchaus zu verneinen. Die Unduldsamkeit des Islam im neunzehnten Jahrhundert ist nicht größer, als diejenige der christlichen Kirche im zwölften Jahrhundert gewesen ist. Wäre die Staatsgewalt in ihrer Unabhängigkeit von der Kirche nicht so weit erstarkt, daß sie mit ihren eigenen Mitteln die öffentliche Sicherheit zu schützen vermöchte, so würden sich auch heute noch ähnliche Erscheinungen wiederholen; einer gläubigen Volksmasse, der von den Priestern eingeredet wird, daß Andersdenkende verdammt sind, wird es immer schwer werden, in religiösen Dingen Widerspruch stillschweigend zu ertragen. Die Strafgesetze des Staates werden nach und nach unwirksam, wenn ihre Verletzung als ein Verdienst vor Gott angepriesen wird. Die Macht des Clerus ist in gewissen zurückgebliebenen Bevölkerungen noch heute stark genug, um planmäßig jenen Fanatismus großzuziehen, der sich in gewaltthätigen Angriffen gegen Andersgläubige Luft macht. Insbesondere ist nicht zu verkennen, daß eine anscheinend kindische oder harmlose Art, gewissen Regenten oder Staatsmännern ein schmähliches Ende oder den baldigen Tod unter dem Hinweis auf den „Finger Gottes" zu prophezeien, sehr wohl geeignet ist, schwache Köpfe in Verwirrung zu bringen oder eitle Menschen dazu anzustacheln, daß sie sich als ein Instrument in den Händen der vermeintlichen Vorsehung zur Begehung eines Verbrechens ausrüsten. Die Thaten gewisser Religionsfanatiker haben das Eigenthümliche, daß wie bei manchen Irrsinnigen die denkbar schärfste Ueberlegung der Verbrechensmittel mit einer nahezu unwiderstehlich gewordenen Leidenschaft Hand in Hand geht, so daß das herkömmliche juristische Bild des Mordes in einer völlig veränderten Beleuchtung erscheint.

Selbst die planmäßige Beförderung des Wunderglaubens ist nicht ohne einen bedeutenden Antheil an der Gefährdung des menschlichen Lebens durch religiösen Fanatismus. Wie die Tapferkeit mancher Soldaten erwiesenermaßen auf dem Glauben an die schützende Macht der Amulette, der Gelübde oder gewisser Gegenstände beruht, gerade so verscheucht der gläubige Schwärmer die letzten Zweifel seines Gewissens mit der festen Ueberzeugung, daß ein Wunder der Heiligen ihn aus der Gefahr erretten oder wie den heiligen Petrus aus dem Kerker befreien könne.

Die Praxis der geistlichen Prophezeiungen, die Sprache einer die ruhige Ueberlegung verwirrenden Mystik, die fortgesetzte Erregung abergläubiger Bevölkerung durch Schaustellung vermeintlicher Wunder sind so lange unschädlich, als es an einem geeigneten Gegenstand des Hasses oder einer hinreichend starken Feindschaft dem Clerus fehlt. Sie werden in demselben Augenblick gefährlich, in welchem der Fanatismus ein deutliches Angriffs-Objekt vor sich sieht.

Wo der Wunderglaube unter dem Titel des Religions-Unterrichts durch den Staat selbst eifrig gepflegt wurde, kann dieser freilich seine Mitschuld nicht ablehnen, wenn sich gelegentlich gegen ihn selbst, gegen seine Leiter, der „fromme Aufruhr" erhebt. Denn kein Philosoph und kein Geistlicher vermag zu sagen, wann die Periode der Wunder aufgehört hat, auf welchem Wege der Unkundige den betrügerischen Schwindel von dem modernen Wunder unterscheiden kann, und wie hoch die Ziffer der legitimen Wunder in der Geschichte der Menschheit sei. Zu tief ist in der Menschheit der Glaube festgewurzelt, daß dasjenige, was einmal geschehen ist, sich auch eben deswegen wiederholen kann, zu stark das Interesse der Glaubenswächter, den wankenden Glauben an die Wunder vergangener Jahrtausende durch moderne Abspiegelungen der Wunderverrichtung neu zu beleben und zu stärken.

Nicht ganz gering ist in der Gegenwart die Zahl derjenigen Verbrechen, welche aus dem kirchlich großgezogenen Wunder- und Aberglauben entspringen. Von Zeit zu Zeit flackert der Wahn der Hexerei, zumal in ländlichen Distrikten, wieder auf und führt zu Gewaltthätigkeiten oder Tödtungen von vermeintlich Schuldigen, was nicht gerade verwunderlich erscheint, wenn man erwägt, daß einzelne Geistliche es als ihre Aufgabe betrachten, die lebhafte Einbildungskraft beschränkter Menschen durch grelle Schilderungen des Teufels und der Hölle aufzuregen. Wo Wunder in Krankenheilungen sich unter geistlicher Assistenz vor den Augen der Menge abspielen, wird nach natürlichen Gesetzen sich auch die Kehrseite offenbaren, indem unerklärliche Schadenszufügungen, insbesondere unaufgeklärt gebliebene Erkrankungen von Hausthieren als eine Wunderverrichtung des Teufels und der mit ihm verbündeten Hexen angesehen werden. Noch im Laufe des gegenwärtigen Jahres wurde in Bayern eine vermeintliche Hexe durch den Schrotschuß eines Bauerburschen tödtlich verletzt.⁵)

Politischer und religiöser Wahn kann sich übrigens mit gesellschaftlichen Gegensätzen verbünden und dann in verdoppelter Stärke Eigenthum und Leben gewisser Personen dauernd gefährden. Jene zahlreichen Mordthaten, welche zeitweise in Irland gegen Grundeigenthümer oder große Pachtherren von besitzlos gewordenen Pächtern verübt wurden und häufig unentdeckt blieben, entstammen einem schwer zu enträthselnden Gewirre kirchlich religiöser, politisch nationaler und wirthschaftlich persönlicher Beweggründe, unter deren gemeinschaftlichem Drucke die Thäter sich selbst vorspiegeln, daß sie ein menschlich und göttlich entschuldbares Werk der Rache an ihrem Opfer vollbracht haben. Eine stillschweigend sich verzweigende Verschwörung gleichfühlender Genossen steht, Straflosigkeit verbürgend, zur Flucht helfend, die Sicherheitsbeamten täuschend und die Rechtspflege hemmend, dem Verbrecher zur Seite und ermuntert zu neuen Missethaten.

Dieselbe Vermischung politischer Irrthümer und wirthschaftlichen Eigennutzes kennzeichnet die Gräuelthaten der Pariser Commune vom Jahre 1871, wobei es schwer fällt, bei den einzelnen Mordthaten festzustellen, ob sie vorwiegend das Werk politischen Hasses, persönlicher Rache oder eigennütziger Gewinnsucht gewesen sind; immerhin bleibt zuzugeben, daß die Thäter sich selbst und ihr Gewissen durch die Vorspiegelung einer ihnen innewohnenden Berechtigung in den Wahn eines nothwendigen, nützlichen oder gar verdienstlichen Thuns hineingeredet hatten. Endlich giebt es Verbrechens-Erscheinungen, bei denen die Gleichgültigkeit gegen fremdes Leben in Verbindung tritt mit dem berufsmäßigen Verbrecherthum ständig eingerichteter Räuberbanden. Auch hier hört der Mord auf, eine Erscheinung individueller Bosheit zu sein, er wird zu einer gesellschaftlichen Massenschuld, wobei es nicht leicht ist, die Verantwortlichkeit des Thäters gegenüber der Mitwirkung Anderer genau abzugränzen.

In der Gegenwart ist es vornehmlich das Unwesen zahlreicher Räuberbanden in Mittelitalien, Neapel und Sicilien, welches in seiner weiten, beinahe unabsehbaren Verzweigung den regelmäßigen Mitteln der Strafrechtspflege, des Schwurgerichtsprocesses und des polizeilichen Sicherheitsdienstes erfolgreich zu trotzen vermag, weil das Gefühl für Recht und Unrecht, die Achtung fremden Lebens und Eigenthums durch überlieferte Mißregierung zerstört worden ist. Langsam aber sicher erzeugt die Herrschaft einer um die öffentliche Moral unbekümmerten Despotie in den ihr Unterworfenen den Glauben an die natürliche Ueberlegenheit der Gewaltthat, an die Nützlichkeit geschickt angelegter Verschwörungen, an die Räthlichkeit der Feigheit, welche nicht mehr wagt, sich gegen drohende Verbrechen zur Wehr zu setzen, sondern es vorzieht, die eigene Sicherheit durch einen Tribut an den Räuber zu erkaufen, nachdem das Vertrauen in die Fähigkeiten und den guten Willen der Regierung geschwunden ist. Viele sagen sich alsdann, daß es vortheilhafter sei, eine periodische Besteuerung von Seiten verbrecherischer Banden sich gefallen zu lassen. Zur Straflosigkeit des Verbrechers mitzuwirken, erscheint unter solchen Verhältnissen der eigenen Sicherheit dienlicher, als eine Unterstützung der Strafrechtspflege mit der wahrscheinlichen Folge, daß den Angeber oder den Belastungszeugen, sogar den Richter und Geschwornen der Dolchstoß oder Messerstich des Rachsüchtigen trifft.

Es ist schwer, sich eine richtige Vorstellung von den Zuständen zu machen, welche in Neapel und Sicilien die beiden verbrecherischen Gesellschaften der Camorra und Maffia im Zusammenhange mit ständig gewordenen Räuberbanden nach dem Sturz der Burbonischen Gewaltherrschaft herbeigeführt haben: Straßenraub, dem jährlich eine bestimmte Anzahl von pflichttreuen Soldaten und Beamten zum Opfer fällt, ohne daß die mörderische Kugel, die ihn traf, auf einen bestimmten Urheber zurückgeführt werden könnte, Menschenraub, der sich den Gefangenen gegen hohes Lösegeld ablaufen läßt, Erpressung, welche ihre nur zu glaubhaften Drohbriefe an die Besitzenden richtet, sorgfältig geplanter, mit Hülfe des Hausgesindes ausgeführter Diebstahl, beständige Lebensgefährdung derjenigen, die ein beschlossenes Verbrechen zu hindern suchen, das System der vom Verbrecher bezahlten Handlangerdienste, und die Bereitwilligkeit aller Schwankenden und Schwachen, an der unrechtmäßigen Beute des Stärkeren Antheil zu haben, Bestechung oder Einschüchterung von Mitwissenden, Zeugen und selbst Beschädigten, Freisprechungen im Schwurgericht selbst solcher, deren Verbrechen auf offener Straße, im Angesicht der Sonne und in Gegenwart zahlreicher Zeugen begangen wurde. Die allgemeine Furcht vor dem Mord wirkt hier nicht Abscheu und Haß, sondern Begünstigung und Schmeichelei für den Mörder.

Daß die Motive, deren Endergebniß in der willkürlichen Vernichtung eines Menschenlebens hervortritt, auch bei dem Raubmord in seiner allergefährlichsten Gestalt, nämlich innerhalb des ständig organisirten Bandenwesens, von der Rücksicht auf die Beschaffenheit und Härte der Strafe nicht beeinflußt wird, lehren gerade die Erfahrungen in Neapel und Sicilien.

In ganz Italien besteht, von Toscana abgesehen, die

Todesstrafe für schwerste Verbrechen. Dennoch sind die Abweichungen in der Ziffer solcher Verbrechen im Verhältniß zur Einwohnerzahl ganz ungewöhnlich große. Während in der Lombardei erst auf 44,674, in Toscana auf 18,794 Seelen im Jahre 1873 ein Tödtungsverbrechen ermittelt wurde, betrug dieselbe Verhältnißzahl im Neapolitanischen 4692 und in Sicilien nur 3194. Aehnlich verhielt es sich mit den Verwundungen, in denen vielfach ein mißlungener Angriff auf fremdes Leben sich offenbart. Schon auf 469 Neapolitaner und auf 544 Sicilianer kam eins dieser Verbrechen, in Toscana und der Lombardei auf je 1458 und 1894 Einwohner. Und auch der Straßenraub ist im Toscanischen beinahe viermal, im Venetianischen zehnmal so selten, wie in Sicilien, so daß in Beziehung auf die Sicherheit des Eigenthums diejenigen Landestheile auffallender Weise am günstigsten gestellt sind, welche der österreichischen Fremdherrschaft am längsten unterlagen.

Zwischen den in Hinsicht der Tödtungen und Verwundungen nahe verwandten Landestheilen des Neapolitanischen und Siciliens besteht übrigens ein nicht zu übersehender Unterschied. Da Straßenraub in Sicilien noch einmal so häufig vorkommt als in Neapel, so ist anzunehmen, daß bei der sonst an Größe ähnlichen Ziffer der Verwundungen und Tödtungen der Beweggrund des Eigennutzes und der Gewinnsucht stärker daselbst betheiligt war, als in den nächst gelegenen Theilen des neapolitanischen Festlandes.

Erscheinungen, wie diejenigen der sicilianischen Maffia, bilden einen Uebergang zwischen politischem und gemeinem Verbrechen. Die Mitschuld der von den Behörden oder sogar von der Gesetzgebung selbst ausgegangenen Mißregierung ist nicht von der Hand zu weisen.[6])

Eine Betrachtung der zum Mord führenden Motive lehrt weiterhin, daß diese rücksichtlich ihrer Entstehung in eine zweifache Ordnung einzureihen find. Sie find entweder in dem Sinne vorwiegend individuelle, daß der Mörder durch die ihm eigenthümliche Beschaffenheit seines geistigen, seelischen oder leiblichen Zustandes verbrecherischen Anreizen nachzugeben geneigter war, als andere; oder vorwiegend gesellschaftliche in dem Sinne, daß der Thäter in hervorragender Weise Antheil hatte an weit verbreiteten, an sich schon der Rechtsordnung gefährlichen Irrthümern, Vorurtheilen oder Leidenschaften derjenigen Bevölkerungen, in deren Mitte er lebt.

Unzweifelhaft ist gerade diejenige Gruppe von Tödtungen der allgemeinen Sicherheit am bedrohlichsten, in der die gesellschaftliche Mitschuld des Fanatismus, des Aberglaubens oder der politischen Meinungen betheiligt, die Einzelschuld daher moralisch nothwendiger Weise verringert erscheint. Und umgekehrt wird sich sagen lassen, daß es als ein Anzeichen höherer sittlicher Cultur bei bestimmten Völkern erachtet werden müsse, wenn schwere Verbrechen ausschließlich oder vorwiegend aus rein individuellen Beweggründen hervorgehen.

Mit Hülfe einer derartigen Betrachtungsweise würden wir bei einer Vergleichung deutscher und italienischer Rechtszustände zu der Behauptung berechtigt sein, daß unsere Cultur in sittlicher Hinsicht eine höhere sei, weil Raub und Mord nicht mehr auf der Grundlage bandenmäßiger Einrichtung verbrecherischer Gesellschaften verübt werden, sondern, von gelegentlichen und wenig bedeutenden Ausnahmen abgesehen, als das Werk Einzelner erscheinen. Freilich darf man sich nicht vorstellen, daß zwischen den individuellen Motiven und den gesellschaftlich mitbestimmten Beweggründen eines Mörders eine haarscharfe Gränzlinie zu ziehen ist. Der Mangel an Erziehung oder der Grad der Verwahrlosung, welcher bei einer sehr großen Anzahl von Mördern vorbestimmend war, läßt sich in genau bestimmten Antheilen der Zurechnung nicht feststellen; es ist möglich, daß die Schulein=

richtungen bestimmter Staaten hinter den bescheidensten Anforderungen zurückbleiben, ebenso möglich aber auch, daß die Familie des Verbrechers gegenüber den ihr gebotenen Schulgelegenheiten ihre Pflicht versäumte oder gar verbrecherische Neigungen geradezu begünstigte oder endlich der Thäter, vermöge der besonderen Stärke angeborener Neigungen gegen jeden Einfluß erzieherischer Wirksamkeit sich völlig ablehnend verhielt. Der Mangel oder das Vorhandensein eines gewissen Bildungsmaßes wird in solchen Staaten, in denen allgemeine Schulpflicht durchgeführt ist, als ein den indibuellen Neigungen zuzurechnendes Moment, in solchen Staaten hingegen, in denen es an öffentlichen Schuleinrichtungen noch fehlt, als ein gesellschaftlicher Faktor verbrecherischer Erscheinungen zu würdigen sein.

Eine gute und planmäßig durchgeführte Statistik der Tödtungen und anderer schwerster Verbrechen hätte danach zu streben, diese Richtung der Motive auf das Persönliche des Thäters und das Gesellschaftliche seiner Umgebung zu veranschaulichen, woraus zu entnehmen sein würde, ob zur Erhöhung des Rechtsschutzes gegenüber den gesellschaftlich mitbestimmten Triebfedern Vorbeugungsmittel angewendet werden können oder nicht. Denn die rein individuellen Motive entziehen sich ebenso sehr der Voraussicht wie der Unschädlichmachung außerhalb der Formen der Rechtspflege, der Vormundschaft oder der Irrengesetzgebung, wo Vorsorge getroffen werden muß, daß auch in Fällen der richterlichen Freisprechung auf Grund erwiesener Gefährlichkeit Unzurechnungsfähige in Sicherheit gebracht werden.

In der Natur der Dinge liegt es, daß auch rein individuelle Motive des Mordes in einer gewissen Regelmäßigkeit von Jahr zu Jahr in den Tabellen der Statistiker wiederkehren. Es wäre aber irrig, das Zufällige wegen annähernder Gleichmäßigkeit in den Zahlenverhältnissen als gesetzmäßige und nothwendige Wirkung bestimmbarer Ursachen hinzustellen. Schon der hinsichtlich der Bestrafung wichtige Unterschied zwischen vollendeter und nur versuchter Mordthat beruht in der Hauptsache auf durchaus zufälligen Umständen des Gelingens oder Mißlingens. Ebenso wenig, wie man es ein Naturgesetz nennen darf, wenn in einer großen Welthandelsstadt jährlich trotz aller polizeilichen Anordnungen annähernd gleiche Zahlen von Unglücksfällen in Folge von Ueberfahrenwerden oder Herabstürzens von Baugerüsten verzeichnet werden, ist es zulässig, die Aeußerungen individueller Beweggründe in gelegentlichen Mordthaten auf eine Gesetzmäßigkeit im gesellschaftlichen Zusammenleben der Menschen zurückzuführen.

Dagegen läßt sich für den Culturhistoriker einiger Nutzen aus der Wahrnehmung ziehen, daß die Verhältnißziffern gewisser Gruppen individueller Motive zu einander bei verschiedenen Völkern nicht die gleichen sind, sondern erheblichen Verschiedenheiten unterliegen. In einem Volke werden Mordthaten aus Rache vergleichungsweise häufiger vorkommen, als solche aus Eigennutz; in einem anderen Volke geschlechtliche Verirrung in stärkerer Verhältnißzahl bei verbrecherischen Unternehmungen betheiligt sein. Diese Wahrnehmung beweist aber nichts anderes, als was völlig selbstverständlich ist, daß nämlich die Individuen einen gewissen, wennschon unbestimmt zu lassenden Antheil an den Neigungen, Fehlern und Naturanlagen des Volkes beanspruchen.

In der 1873 herausgegebenen, das Jahr 1871 betreffenden Statistik der französischen Strafrechtspflege werden bei Aufführung der Tödtungsverbrechen dreißig verschiedene Beweggründe und Veranlassungen unterschieden und außerdem noch einige Fälle namhaft gemacht, in denen der innere Grund des Verbrechens nicht ermittelt werden konnte, so daß man vielleicht annehmen dürfte, einige Menschen seien sich bei den von ihnen vorgenommenen Tödtungen eines Zweckes ihrer Handlung überhaupt nicht bewußt gewesen. Nach einer von mir versuchten Berechnungsweise würden sich auf Grund der bezeichneten Statistik in Frankreich die aus ökonomischen Motiven hervorgegangenen Mordthaten zu den geschlechtlich bedingten Verbrechen derselben Art wie 2 zu 1 verhalten, nämlich wie 70 zu 35, während aus Haß und Rache 132, darunter aus politischen Motiven 19 Fälle herzuleiten sind. Diese Ziffern ergeben als wahrscheinlich, daß in Frankreich die Beweggründe zum Morde weitaus weniger von gesellschaftlich einflußreichen Factoren mitbestimmt sind, als in gewissen Gegenden Italiens, immerhin aber noch stärker, als in Deutschland, wo es bisher nicht möglich war, eine annähernd gleich große Ziffer von Mordthaten auf politische oder nationale Motive des Hasses zurückzuführen. Auch dem oberflächlichen Beobachter ist es klar, daß unter Franzosen und Spaniern der Nationalhaß gegen wirkliche oder eingebildete Feinde größer ist, als in Deutschland. Damit soll freilich nicht gesagt sein, daß unter veränderten Umständen nicht auch in Deutschland ähnliche Erscheinungen hervortreten könnten. Der politische Parteihaß mit seinen Ausschreitungen beruht weniger auf natürlicher Anlage als auf geschichtlichen Entwickelungen der Völker.

Im Uebrigen erweist die Statistik, daß die durchschnittlich am häufigsten hervortretenden **Motive des Mordes auch gleichzeitig Motive des Todtschlags sind**, wobei es lediglich darauf ankommt, ob ihre Einwirkung auf das Willensvermögen des Thäters eine schnellere und gleichsam widerstandslose ist. Naturgemäß erscheint es freilich, daß aus wirthschaftlichen Motiven Todtschlag seltener hervorgeht, als Mord; denn auf dem ökonomischen Gebiete ist die den Erfolg des Handelns genau erwägende Berechnung häufiger anzutreffen, als innerhalb der geschlechtlichen Beziehungen.

Daraus erklärt es sich, daß der Todtschlag aus geschlechtlichen Anreizungen etwas häufiger vorkommt und eine andere Verhältnißziffer sich ergiebt. Er stellt sich zum Todtschlag aus wirthschaftlichen Gründen wie 25 zu 22. Andererseits wird man mit Recht vermuthen, daß politische, nationale und religiöse Leidenschaften leichter zum Todtschlag als zum Morde führen. Es waren 44 Fälle, in denen der Haß diese Wendung genommen hatte, neben 197 anderen, in denen Haß und Rache des Todtschlägers durch nicht politische Verhältnisse erregt wurden. Mord und Todtschlag verhielten sich somit:

hinsichtlich der ökonomischen Triebfedern ungefähr wie 70 zu 22,

hinsichtlich der geschlechtlichen Triebfedern ungefähr wie 35 zu 25 und

hinsichtlich der Motive des Hasses und der Rache wie 132 zu 241.

Die Psychologie des Mordes spiegelt sich bis zu einem gewissen Maße auch in den Mitteln der Ausführung wieder ab. Wennschon die Möglichkeit nicht in Abrede gestellt werden kann, daß auch einmal in heftiger Erregung des Gemüths ein gerade bereit stehendes Gift zur Tödtung eines Menschen verwendet werde, so hat man doch zu allen Zeiten Vergiftung als eine besonders heimtückische und von tiefster Verworfenheit zeugende Art des Mordes angesehen und früher in Anbetracht des regelmäßig damit verbundenen verrätherischen Vertrauensmißbrauchs durch härtere Strafen auszuzeichnen gesucht. Die französische Statistik verzeichnet für 1871 nur 13 Giftmorde, was in Anbetracht der leichten Zugänglichkeit gewisser Gifte, wie beispielsweise des Phosphors, als eine sehr niedrige Zahl anerkannt werden muß. Schußwaffen dienen in beinahe gleichem Maße der Ausführung des Mordes (nämlich in 134 Fällen) und des Todtschlags (nämlich in 141 Fällen), so daß daraus der Schluß gezogen werden kann: es würde durch zweckmäßige Gesetzesbestimmungen gegen das Tragen verborgener Schußwaffen, wie des Revolvers, zumal in großen Städten, der Schutz des Lebens sich erhöhen lassen. Ungefähr gleich verhält es sich mit dem Gebrauche blanker Waffen, welche in Frankreich nach der von mir benutzten Statistik zwölfmal zum Morde und zehnmal zum Todtschlage verwendet wurde. Ein sehr bedeutender Unterschied zeigt sich dagegen in dem Gebrauch von Dolch und Messern, welche 33mal zur Ermordung und 84mal zum Todtschlag benutzt wurden. Messerstich könnte somit beinahe als das besonders bezeichnende Werkzeug der aus leidenschaftlicher Gemüthserregung entspringenden Tödtungen angesehen werden; er spielt seine Rolle vornehmlich in nächtlichen Raufereien, in Wirthshausstreitigkeiten, in der plötzlichen Rache für wirkliche oder vermeintliche Beleidigungen und fordert in seiner zunehmenden Häufigkeit dazu auf, schon das bloße Messerzücken oder die Bedrohung eines Menschen mit dem Messer unter Strafe zu stellen. In der selteneren oder häufigeren Verwendung gewisser Tödtungsmittel spiegelt sich wiederum die Volkssitte ab. Die weitere Verbreitung einer kostspieligeren Schußwaffe und die größere Häufigkeit ihres Gebrauches ist ein Zeichen höheren Wohlstandes in der Bevölkerung oder einer planmäßig im Räuberhandwerk eingerichteten Waffenführung. In Italien steht die Verwendung der Schußwaffe bei den Verbrechen der Tödtung hinter anderen Werkzeugen ziemlich weit zurück. Nach der letzten amtlichen Strafstatistik wurde zur Tödtung eines Menschen die Schußwaffe 707mal, der Dolch und Stockdegen in 784, das zu häuslichen Zwecken bestimmte Messer in 475 Fällen verwendet.

Nicht selten geschieht es, daß neben den gebräuchlichen Mitteln des Selbstmordes oder der verbrecherischen Tödtung durch erfinderische Köpfe irgend eine neue Methode der Lebensvernichtung erdacht und angewendet wird und diese hinterher, nachdem sie durch die Presse bekannt wurde, Nachahmung findet. Im Großen und Ganzen zeigt sich aber in den Mitteln der Tödtung dieselbe Gleichförmigkeit der Wiederholung, wie in den verbrecherischen Motiven. Da die Erfahrungen der Strafrechtspflege lehren, daß Mord und Todtschlag, wenngleich in verschiedener Verhältnißmäßigkeit der Ziffern, doch überall aus denselben äußeren Anreizungen und Beweggründen entspringen, so ist die Frage nicht zu umgehen, ob Angesichts der nach den Motiven vielfach gleichgradigen Immoralität des Handelns, für beide Verbrechensfälle eine Abstufung der Strafe vom Leben zum Tode in der Gesetzgebung nothwendig oder berechtigt erscheine?

Die Mehrzahl der Moralisten macht sich von dem Unterschiede zwischen Mord und Todtschlag einen durchaus falschen Begriff. Er ist keineswegs so groß, wie man bisher geglaubt hat; er ist mit Sicherheit überhaupt auf Grundlage der bestehenden Gesetzesvorschriften nur in der Minderzahl der Fälle zu ermitteln, und er verschwindet sogar, wo aus der Triebfeder des Hasses, der Rache oder hochgradiger Geschlechtsleidenschaft eine vorsätzliche Tödtung von Menschen hervorgeht.

Kann man wirklich sagen, daß der angebliche Mörder, dessen länger andauernde Gemüthserregung mit Ueberlegung der Mittel ein Menschenleben zerstört, schändlicher und unsittlicher handelt, als der Todtschläger, welcher alsbald zur That schreitet? Ganz das Gegentheil kann öfters der Fall sein. Während, auf Seiten eines in unbedeutender Veranlassung aufbrausenden Todtschlägers die denkbar geringste Achtung vor menschlichem Leben vorhanden sein konnte, geschieht es bei anderen, sogenannten Mördern, daß sie nach schwerer Verletzung ihres Ehrgefühls den ersten Gedanken der Tödtung von sich zurückweisen, nach und nach in einem heftigen Ringkampfe mit ihrer Leidenschaft gegenüber dem stets wiederholten Andringen stärkerer Reize moralisch geschwächt werden und endlich dem Dämon des Verbrechens unterliegen, nachdem sie lange Zeit hindurch vergeblich gekämpft hatten.

Bei einer nicht unerheblichen Anzahl von Mördern ist das vermeintlich todeswürdige Stadium der Ueberlegung gerade diejenige Periode, in welcher die letzten Anstrengungen der moralischen Natur, welche bei Todtschlägern überhaupt nicht zur Geltung kommen, einen vergeblichen Widerstand gegen die überlegene Macht verbrecherischer Triebfedern versucht haben. Nur bei dem Motive der Gewinnsucht läßt sich durchgängig die größere Verworfenheit des Mörders vom moralischen und psychologischen Standpunkt behaupten, keineswegs bei den aus tiefer greifenden Affekten hervorgegangen, wennschon mit sogenannter Ueberlegung begangenen Tödtungen.

Ich wage daher die anscheinend paradox klingende Behauptung, daß jedesmal, wo innerhalb einer sich gleich bleibenden Summe von vorsätzlichen Tödtungen die Ziffer des Todtschlags eine geringere, die Zahl der Mordthaten hingegen eine größere wird und die aus Gewinnsucht begangenen Tödtungen ausgeschieden sind, ein Culturfortschritt anerkannt werden muß; denn ein Wachsthum der s. g. Mordthaten auf Kosten des Todtschlages bedeutet, daß moralische Widerstandskräfte gegen das den Barbaren eigenthümliche Uebergewicht der ersten leidenschaftlichen Erregung bereits in Thätigkeit getreten sind. Dieselbe Ueberlegung der Verbrechensmittel und Verbrechensfolgen, welche die Schwere der That gegenwärtig erhöht, ist, culturgeschichtlich betrachtet, auch in manchen, statistisch nicht sichtbaren Fällen negativ wirksam als Hinderung eines ohne ihr Eintreten wahrscheinlich gewesenen Todtschlags.

Aus der preußischen Statistik ergiebt sich, daß in dem zwanzigjährigen Zeitraum vor 1873 der Mord beinahe gleich blieb, Todtschlag etwas seltener wurde; eine Thatsache, die ich in Rücksicht damit, daß die Gesammtsumme der vorsätzlichen Tödtungen sich nicht zum Nachtheil der öffentlichen Sicherheit vermehrt hat, als eine günstige deuten würde, wenn nicht gerade auf Seiten der schweren Köperverletzungen wiederum ein Zeichen roher Leidenschaftlichkeit angedeutet wäre.⁷)

Als ein in der Rechtslehre ziemlich weit verbreiteter Irrthum ist auch die Behauptung anzusehen, daß sich der Todtschläger vom Mörder in moralischer Hinsicht durch ein tieferes Gefühl der Reue alsbald nach begangener That auszeichne. Zunächst ist dagegen einzuwenden, daß in den Strafanstalten ein wesentlich verschiedenes Verhalten zwischen Mördern und Todtschlägern nicht beobachtet wurde. Besäßen wir eine statistische Aufzeichnung der von Verbrechern ausgegangenen Selbstanzeigen, so würde sich wahrscheinlich ergeben, daß Mörder in nicht geringerem Verhältniß, als die ihnen zunächst verwandten Verbrechergruppen dabei betheiligt sind. Diese Vermuthung rechtfertigt sich durch den Hinweis auf die preußische Statistik, die uns Aufschluß über die Häufigkeit der Geständnisse in den der Competenz der Schwurgerichte unterliegenden Straffachen darbietet. Während der dreißigste Theil der auf Mord lautenden Anklagen im Jahre 1871 und der vierzehnte Theil im Jahre 1872 durch Geständniß des Angeklagten erledigt wurde, fehlten in denselben Jahren bei Todtschlägern die Geständnisse durchaus. Im Jahre 1873 war das Verhältniß beinahe gleich, insofern der vierundzwanzigste Theil der Todtschlagsanklagen und der fünfundzwanzigste Theil der Mordanklagen durch Geständniß erledigt wurde. Nicht zu vergessen ist, daß sich den Todtschlägern der bequeme Einwand darbietet, es sei nur eine Körperverletzung, nicht aber der Tod des Angegriffenen von ihnen beabsichtigt gewesen.

Als ein psychologisch nicht zu unterschätzendes Moment sind auch die Altersstufen der des Mordes und des Todtschlages angeklagten Personen zu verwerthen. Die preußische Statistik giebt uns einige Aufklärungen, welche den allgemein bestehenden Erwartungen zuwider laufen dürften. In der Altersklasse unter

18 Jahren kam im Jahre 1872 ein Mord, dagegen in den drei Jahren von 1871 bis 1873 kein einziger Todtschlag zur Verhandlung und auch in der zunächst angränzenden Klasse der im Alter von 18 bis zu 24 Jahren Angeklagten war Mord beinahe dreimal so häufig, als Todtschlag. Daraus ergiebt sich, daß in dem Lebensalter der größten Kraftfülle und der stärksten Naturreize die Ueberlegung bei Tödtungen in einer gleichsam chemisch unlösbaren Verbindung mit Affecten hervortritt, andrerseits der Mangel der Ueberlegung nicht immer ein Element moralischen Vorzugs, sondern im Gegentheil auch als ein Anzeichen größerer Abstumpfung und eines gewissen Schwächezustandes zu deuten ist. Jeder etwa mögliche Zweifel schwindet, wenn man diejenigen Altersklassen betrachtet, in denen die leibliche und geistige Thatkraft bereits zu schwinden beginnt oder erfahrungsgemäß bereits geschwunden ist. Im Lebensalter zwischen 40 und 60 Jahren beträgt der Procentsatz der des Todtschlages Angeklagten im Verhältniß zu sämmtlichen des gleichen Verbrechens Angeklagten 24,2 pCt., beim Morde dagegen nur 23,1. In den beiden vorangegangenen Jahren 1872 und 1871 war der Unterschied noch größer. Unter den Greisen über sechzig Jahren finden sich 1871: 9 pCt., 1872: 2,3 pCt. und 1873: 6,4 pCt. der Todtschläger, in den entsprechenden Jahren dagegen zweimal überhaupt gar kein Mörder und 1872 nur 2,3 pCt. Gewiß ist es eine bemerkenswerthe, bisher noch nicht gewürdigte Thatsache, daß das schwache Greisenalter zu den Akten des Todtschlags bei verminderter Lebensenergie stärker neigt, als zum Morde mit dem darin enthaltenen Elemente der Ueberlegung.

Eine sorgfältigere Beobachtung der psychologischen Momente im Verbrechen des Mordes wird wahrscheinlich zu einem doppelten Ergebniß führen. Einmal zu der Forderung, daß die bisherige, in den europäischen Continentalstaaten festgestellte Unterscheidung zwischen den mit und den ohne Ueberlegung begangenen Tödtungen aufgegeben und durch anderweitige Strafbarkeitsstufen um so mehr ersetzt werden sollte, als schon gegenwärtig die freisprechenden und verurtheilenden Verdikte der Geschwornen vorwiegend durch den unwillkürlich bestimmenden Einfluß der größeren oder geringeren Moralität der Handlung beherrscht werden, wofür die Praxis der mildernden Umstände in Frankreich einen nicht zu unterschätzenden Beweis enthält. Sodann zweitens zu der Erkenntniß, daß die Todesstrafe als **alleinige Strafdrohung** für alle gegenwärtig sogenannten Mordfälle ungerecht ist und außerdem zur Sicherung des menschlichen Lebens an sich nichts beizutragen vermag. Für diese letztere Behauptung ist der Beweis, soweit als er überhaupt erbracht werden kann, theils auf dem statistischen Wege, theils durch psychologische Gründe zu führen. Was die Statistik anbelangt, so läßt sich darthun, daß in England, Frankreich und Preußen die Häufigkeit oder Seltenheit der Begnadigungen ohne jeden Einfluß auf die Ziffer der Mordfälle bleibt, folglich aus der Unwirksamkeit der Strafvollstreckung auf die Unwirksamkeit der Strafdrohungen geschlossen werden dürfte, wenn nicht außerdem neuere Erscheinungen zeigten, daß die Abschaffung der Todesstrafe in **Ländern mit gesicherten Strafproceßeinrichtungen und zweckmäßigen Strafanstalten** eine nennenswerthe Mehrung der Mordthaten nicht zur Folge gehabt hat.

Stellt man die Motive, von denen Mörder am häufigsten geleitet werden, den Absichten des Gesetzgebers gegenüber, so wird sich ermitteln lassen, welches Gegengewicht die Androhung der Todesstrafe im Stadium der verbrecherischen Ueberlegung der Vollendung des Entschlusses entgegenzusetzen vermag? Um dies zu erfahren, ist man bisher meistentheils von zwei Irrthümern ausgegangen. Man hat entweder in der Criminalpsychologie den entscheidenden Moment einer unmittelbar bevorstehenden Hinrichtung auf den Willenszustand eines werdenden Verbrechers zurückbezogen und diesen unter den gleichen Eindruck der Furcht fingirt. Oder man mißt die Einbildungskraft der verbrecherischen Klasse an den Empfindungen, welche die Androhung der Todesstrafe in Kreisen gesitteter Menschen hervorruft. In Wirklichkeit kommt es aber darauf an, die eigenthümliche, geistige und sittliche Beschaffenheit der verbrecherischen Klassen genau zu beobachten und außerdem zu ergründen, wie sich ein bestimmtes Individuum gegenüber den Drohungen des Strafgesetzes kurz vor Begehung des Verbrechens verhalten hat.

Ueber das Verhalten der Mörder zu den Strafdrohungen des Gesetzes lehrt die Erfahrung, daß ihr Seelenzustand in drei wesentlich verschiedenen Erscheinungen sich zu offenbaren pflegt. Eine erste Gruppe von Verbrechern wird von einem bald länger schleichenden, bald heftiger beschleunigten Fieber der Leidenschaft getrieben, die Mittel zu suchen, um den Gegenstand ihres Hasses zu beseitigen. Ihr höchstes Interesse ist, die That mit Sicherheit auszuführen und gelingen zu lassen. Daher sie nicht darauf Bedacht nehmen, ihrerseits der Strafe zu entrinnen, sondern vielmehr darauf, ihrem Opfer jede Möglichkeit der Rettung abzuschneiden. Der Gedanke an die Straffolgen der That ist, wenn er überhaupt aufkommt, so sehr nebensächlich, daß gerade von Mördern dieser ersten Kategorie vor anwesenden Zeugen und mit vollem Bewußtsein der unvermeidlichen Entdeckung der vorher entworfene Plan ausgeführt wird. Regelmäßig finden sich innerhalb dieser Gruppen einige Verbrecher, bei denen der Entschluß zum Morde mit dem ernsthaften Vorsatz des Selbstmordes gepaart ist, so daß von einer Abschreckung vermöge der Todesstrafe durchaus gar keine Rede sein kann. Meistentheils ist es ein die Beobachter überraschenden Sprung, welcher leidenschaftlich erregte Naturen aus völlig geordneten Lebensverhältnissen zur schwersten

Missethat eines von Eifersucht, Fanatismus, Rache erzeugten Mordes hinüberführt.

Eine zweite Gruppe begreift die völlig stumpfen und erstarrten Naturen, welche auf der abschüssigen Bahn der Laster und Verbrechen langsam gesunken und schließlich so weit verkommen sind, daß ihnen ihre eigene Zukunft vollkommen gleichgültig geworden ist. Vom Müßiggange und roher Genußsucht zur Bettelei, von der Bettelei zu kleineren Eigenthumsverletzungen, schließlich zum gewohnheitsmäßigen Diebstahl gelangt, haben sie überhaupt jede Achtung vor den Gesetzen ebenso eingebüßt, wie die Furcht vor der Strafe. Der Befriedigung ihrer nächsten Triebe und Bedürfnisse opfern sie ihr eignes leibliches Wohl sorglos auf. Ebenso gleichgültig, wie es ihnen ist, ob aus ihren Lastern die unvermeidliche Folge der Krankheit und Lebensverkürzung hervorgeht, ist ihnen die Drohung des Gesetzes, der zu entgehen, sie nicht sonderlich bemüht sind. Diese höchste Stumpfheit und Gleichgültigkeit kündigt sich häufig darin an, daß der von dem Verbrechen zu erwartende Gewinn in gar keinem Verhältniß zur Schwere der That zu stehen scheint. Um geringfügige Geldsummen werden sie bereit sein, ein Menschenleben zu vernichten, wenn ihnen unter den besondern Umständen der That ein Mord bequemer ist als Diebstahl. Den Fehler, den die moderne Strafgesetzgebung gegenüber dieser Klasse von Verbrechen begeht, besteht darin, daß sie ihre Kräfte in stetiger Wiederholung unwirksam bleibender Strafmittel erschöpft und ihre Aufgabe, nach einem gewissen Maße der Rückfälligkeit für dauernde Sicherung Sorge zu tragen, noch nicht begreift.

Endlich giebt es eine dritte Gruppe von Mördern, welche in klarer Vorausberechnung aller Folgen ihrer Verbrechensthat, die Ausführungsweise genau festsetzen und für ihre Nichtentdeckung in schlauer Weise Vorkehrung treffen. Sie sehen im Hintergrund die Todesstrafe und fürchten sie so lange, bis es ihnen zur inneren Gewißheit geworden ist, daß sie der Entdeckung entgehen werden. Fest davon überzeugt, daß sie es in ihrer Hand haben, die Sicherheitsbeamten und die Rechtspflege zu täuschen, werden sie gerade durch längere Ueberlegung in dem Glauben an endliche Straflosigkeit befestigt. Lehrt doch die tägliche Erfahrung, daß nicht wenige Missethaten trotz aller Anstrengungen der Polizei unermittelt bleiben. Wenn jeder Mordlustige in der Gegenwart sich sagte, daß er selbst nach geschehener Entdeckung der Todesstrafe wahrscheinlich entgehen werde, so würde er vollkommen richtig in Uebereinstimmung mit den Thatsachen der Strafstatistik gerechnet haben. Bei der Klasse der fein berechnenden Mörder bewirkt das Vorhandensein der Todesstrafe eine Steigerung der verbrecherischen Energie und eine nur um so gründlichere Durchdenkung der Verbrechensmittel.

Die praktische Werthlosigkeit der Todesstrafe gegenüber den verbrecherischen Motiven liegt auch darin, daß die wirkliche Ausführung eines richterlichen Todesurtheils Angesichts der gangbar gewordenen Begnadigungspraxis durchaus als entfernte Möglichkeit angesehen werden muß, als seltene Ausnahme ungefähr von derselben Bedeutung wie die Möglichkeit des natürlichen Ablebens, die jedem Menschen vor die Seele gestellt wird.

Es ist ein alter Erfahrungssatz, der nicht häufig genug wiederholt werden kann: daß die abschreckende Macht der Strafrechtspflege nicht in dem Grade eines ungewissen Strafübels, sondern in der Bestimmtheit und Gewißheit ausreichender Bestrafung wurzelt. Eine unsichere Strafjustiz, ausgestattet mit grausamsten Strafmitteln, hat zu allen Zeiten der öffentlichen Sicherheit die schlechtesten Dienste geleistet. Während jeder erfahrene Dieb heut zu Tage weiß, daß er im Falle der Entdeckung die geringste Aussicht auf Freisprechung, oder auf Bewilligung mildernder Umstände, oder auf Erwirkung eines Gnadenbefehls hat, kann sich der leidenschaftlich angelegte Missethäter damit trösten, daß er im

Falle einer schweren Körperverletzung oder des Todtschlags sehr bedeutende Chancen der Freisprechung und der Strafmilderung für sich hat. Auf 1427 vor den preußischen Schwurgerichten des schweren Diebstahls im Jahre 1873 angeklagte Individuen finden sich nur 70 Freigesprochene in einen für die einzelnen Provinzen zwischen 0 und 7,7 pCt. schwankenden Procentsatz der Angeklagten. Dagegen nehmen wir wahr, daß Angeklagte, denen schwere Körperverletzung mit tödtlichem Erfolge oder anderen bleibenden Nachtheilen zur Last gelegt wurde, sich einer günstigen Prognose erfreuen, da die Freisprechungen hier zwischen 8,5 pCt. und 33,3 pCt. schwanken und überhaupt nur eine große Minderzahl der 373 Verurtheilten, nämlich 93 der ordentlichen Zuchthausstrafe verfallen ist. Beinahe verlockend sind aber die Aussichten, welche die preußische Schwurgerichtsstatistik den Todtschlägern stellt. Von 62 im Jahre 1873 Angeklagten sind nur 42 verurtheilt worden und von diesen nur 24 zur Zuchthausstrafe. In der Provinz Brandenburg und Sachsen ward die Hälfte der Angeklagten, in Hannover und der Rheinprovinz 40 Procent freigesprochen. Diese überall hervortretende Milde des Schwurgerichts kann auf die Dauer nicht ohne einen psychologischen Rückschlag auf die Gesellschaft bleiben. Indem man sich mehr und mehr an das Vorurtheil gewöhnt, welches alle Fälle des Todtschlags unterscheidungslos viel milder beurtheilt, als die mildesten Formen des Mordes, lähmt man gleichsam durch eine falsche Pädagogik der Rechtspflege in den zu Gewaltthätigkeiten geneigten Kreisen der Bevölkerung die ethischen Widerstandskräfte gegen die Wallungen verbrecherischer Aufregung.

Was die Mordanklagen anbelangt, so schwankte in Preußen, wo die Geschwornen weitaus strenger urtheilen, als in der Mehrzahl der außerdeutschen Staaten, der Procentsatz der Freisprechungen zwischen 7,7 Procent und 25. Allein es ist bemerkenswerth, daß von 134 Angeklagten doch nur eine sehr große Minderheit, nämlich 40, schuldig befunden wurde, die vorsätzliche Tödtung mit Ueberlegung ausgeführt zu haben, während bei 77 anderen entweder Todtschlag ohne oder sogar mit mildernden Umständen oder schwere Körperverletzung angenommen worden ist. Somit ist statistisch erwiesen, daß in der ungeheueren Mehrzahl der Fälle, in denen die Staatsanwaltschaft eine Mordanklage erhob, das Schwurgericht, unter der Wucht der Todesstrafe berathend, den Beweis der Ueberlegung als nicht erbracht ansah. In Ermangelung genauer Anhaltpunkte ist nicht zu sagen, wer Unrecht habe gegenüber dem Gesetze, ob die Staatsanwaltschaft mit ihren Forderungen, oder das Schwurgericht mit seinen Verweigerungen eines Todesurtheils. Unzweifelhaft aber ist es ein gewaltiger Mißstand, wenn bei den schwersten Verbrechen ein so ungeheurer Abstand der Rechtsüberzeugungen vor der Welt dargelegt wird. Der vollendetste Mörder, welcher bei seinen Ueberlegungen die Strafstatistik zu Rathe zieht, darf sich also sagen, daß eine Verurtheilung wegen Mordes ein Ausnahmefall ist. Gelänge aber einem abgefeimten Mörder das vielleicht eingeübte Kunststück, bei der Ausführung der Tödtung eine leidenschaftliche Erregung zu simuliren, so wären seine Aussichten auf Freisprechung glänzende zu nennen.

Wer gegenwärtig noch glaubt, dem Akt der Ueberlegung in Mördern mit der gesetzlichen Androhung der Todesstrafe psychisch entgegenwirken zu können, verkennt gleichmäßig die Natur der verbrecherischen Motive und den Sinn, der in strafstatistischen Zahlen ausgedrückt ist. Die bestehende Unterscheidung zwischen Mord und Todtschlag ist daher weit davon entfernt, in ihrem Zusammenhange mit der Todesstrafe, den Schutz des menschlichen Lebens zu erhöhen. Im Gegentheil, vermehrt sie die Unsicherheit unserer Strafrechtspflege in einer für Scharfblickende beunruhigenden Weise.

Anmerkungen.

¹) Weitere Ausführungen und Schriftnachweise f. in meiner Abhandlung über die Tödtungsverbrechen im Handbuch des Strafrechts Band III., S. 405 ff. (Berlin, Lüderitzsche Verlagsbuchh. 1872) und in meiner Schrift: Das Verbrechen des Mordes und die Todesstrafe (Berlin, Lüderitzsche Verlagsbuchh. 1875).

²) Im englischen Recht werden alle Fälle vorsätzlicher Tödtung sogar einschließlich des Kindermordes und der vorsetzlichen Körperverletzung, welche den Tod zur Folge hatte, mit dem Tode bestraft. Ausgenommen ist nur der eine Fall, in welchem der Thäter durch Thätlichkeiten zum gerechten Zorn gereizt und zur That hingerissen wurde. Manslaughter bedeutet daher nicht, wie viele deutsche Rechtslehrer meinen, so viel wie Todtschlag in Deutschland, sondern meistentheils nur fahrlässige Tödtung.

³) Seit Werder's Kritik des Hamlet darf als herrschende Meinung angesehen werden, daß Hamlet kein Schwächling ist. Im übrigen kann die Kritik noch einige bisher übersehene Punkte zur Geltung bringen, vorzugsweise diesen: daß das Stück einen objectiven Conflikt zweier rechtshistorischen Grundanschauungen zur Grundlage hat: die Forderung der altgermanischen Blutrache, welche der im Fegefeuer befindliche Geist von Hamlets Vater noch geltend macht und die christliche Moralidee, welche durch die Universität Wittenberg angedeutet ist. Merkwürdig ist, daß Shakespeare, ohne es zu wissen, als Dichter hier eine Wahrheit getroffen hat. Die altgermanische Strafidee reicht bei den Skandinavern bis in das XVI. Jahrhundert hinein.

⁴) Aus der großen Anzahl trefflicher Leistungen der Psychiatrie und Psychologie erwähne ich hier nur zwei lesenswürdige Erscheinungen: H. Maudsley, die Physiologie und Pathologie der Seele (Deutsch von R. Böhm, Würzburg 1870) und R. von Krafft-Ebing, Grundzüge der Criminalpsychologie. (Erlangen, 1872).

⁵) Einige andere neuere Fälle f. bei Nippold, die gegenwärtige Wiederbelebung des Hexenglaubens. Berlin 1875 (Heft 57. 58 der Deutschen Zeit- und Streitfragen).

⁶) Ueber die sicilianischen Rechtszustände f. den amtlichen Bericht: Documenti relativi al progetto di legge per l'applicazione dei provedimenti straordinarj di pubblica sicurezza, presentati alla Camera dal Ministero dell' Interno Tornata del 8. Maggio 1875.